AF253509

LA VOLONTÉ DU PEUPLE

(RÉSULTAT DES ÉLECTIONS GÉNÉRALES DES 23 ET 24 MAI)

PAR

JULES CLARETIE

PRIX : 25 C.

PARIS

CHEZ TOUS LES LIBRAIRES

Vente en gros { F. ROY et Cie, 13, rue du Croissant
A. LE CHEVALIER, 61, rue Richelieu

1869

LA VOLONTÉ

DU

PEUPLE

(RÉSULTAT DES ÉLECTIONS GÉNÉRALES DES 23 ET 24 MAI)

PAR

JULES CLARETIE

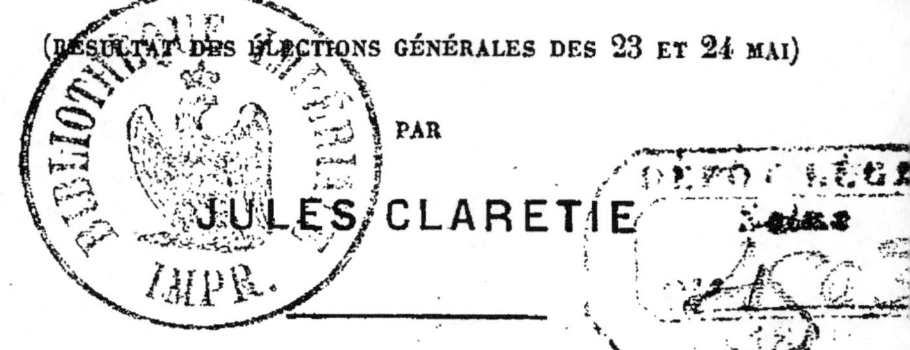

Prix : 25 c.

PARIS

CHEZ TOUS LES LIBRAIRES

Vente en gros { F. Roy et Cie, 13, rue du Croissant
{ A. Le Chevalier, 61, rue Richelieu

1869

TIMBRE
IMPÉRIAL

LA VOLONTÉ

DU PEUPLE

Unis et libres.

Le scrutin des 23 et 24 mai 1869 datera dans l'histoire du pays. Jamais la lutte électorale n'avait été plus ardente, jamais elle n'a été plus décisive et plus significative.

Qui écrira l'histoire de cette période si heureusement traversée où Paris — et toute la France avec Paris — sortaient enfin de leur torpeur, secouaient leur anémie, respiraient, revivaient et redevenaient la chère France des grands jours, la rétive et l'indomptable cavale du poëte :

Sans freins d'acier ni rênes d'or ?

Les paroles de liberté, les mots sonnants de dignité, d'affranchissement, d'indépendance civique traversaient l'air ainsi qu'autrefois, semblables à ces mots dont parle le vieux conte et qui, gelés depuis trop longtemps, se mettaient tout à coup à retentir clairs et vibrants comme des fanfares.

Et le peuple écoutait, retrouvait à entendre cette libre parole son accent fier et sa conscience, il répétait ardemment ces cris de revendication, sortis du plus profond du cœur de la patrie et il attendait l'heure souhaitée d'exprimer sa volonté hautement, franchement, dans le calme souverain de sa force.

*
* *

Pendant ce temps, comme elles se démenaient, ces deux sœurs jumelles, la presse officielle et la presse officieuse ! Que de sottises et de calomnies entassaient les journaux dévoués ! Quel zèle à semer, mais vainement, la peur dans cette foule qui ne tremblait pas, à agiter le vieux chiffon d'autrefois, le *spectre rouge* de Romieu, suaire usé et en lambeaux comme un torchon qui a trop servi.

Toutes les armes étaient bonnes aux patriotes de *la Patrie*, les plus ridicules et les plus odieuses. A l'heure où M. Bancel ne pouvait plus répondre, on lui jetait des anecdotes à la tête et on le représentait souhaitant la conquête de la France par les Russes. On bombardait les citoyens paisibles et les électeurs les moins coupables de numéros de journaux, où l'hydre de l'anarchie, que M. Milne-Edwards classerait dans la famille du serpent de mer, était traitée de la bonne sorte. On placardait des ordonnances pacifiques bien faites pour donner à réfléchir aux hésitants et aux trembleurs. On jetait aux campagnes, par milliers, de méchantes images où le paysan Jean Bonhomme était représenté, debout entre deux drapeaux, le drapeau tricolore à la hampe surmontée de l'aigle impériale et le drapeau rouge de la loi martiale. Sur le tricolore des inscriptions aimables : *Suffrage universel, Crimée, Italie,* 19 *janvier, Liberté de la Presse, Droit de Réunion* — on oubliait le Mexique, les emprunts et Mentana ; — sur l'autre, le *boniment* éternel de la réaction : *Révolutions, Socialisme, les 45 centimes, Emeutes et Chômages, les Partageux, les Barricades, la Guerre civile.* Puis sur un fond noir se détachaient des flammes menaçantes que le paysan en bonnet de coton venait de traverser sans doute tel qu'un prophète Daniel condamné à la fournaise par les Nabuchodonosor de la République.

Quel poëme que ce dessin ! Comme la grimace du paysan était éloquente ! A coup sûr, en la voyant si énergique, les paysans du Jura ne manqueraient pas de faire la pareille à M. Grévy et ceux de Bourgogne à M. Magnin. Ainsi pour le pouvoir ce serait autant de gagné.

Papier perdu, dessin inutile. Le paysan, à son tour, commence à voir clair dans ses affaires. Il sait que pour les enfants seuls, pour les petits et pour les faibles, on évoque les fantômes, quand on veut les dompter, les bercer et les endormir.

*
* *

Propagande électorale faite par les yeux. Terreur salutaire propagée par des contes. Tout se tient. On parlait vaguement en outre d'une conspiration tramée entre Paris et Bruxelles, entre Sainte-Pélagie et La Haye, entre Barbès mourant et Flourens prisonnier. La presse ultramontaine prêtait la main au *Pays* et au *Peuple*. Ces journaux, hardis et plus jeunes, dénonçaient tout haut le grand complot. A les entendre, Paris, ce grand Paris que vous voyez si tranquille et si fier, Paris était prêt à la révolte et à l'émeute. Cela était simplement odieux. Mais *le Monde*, journal plus âgé, réduit au commérage sentimental, se contentait d'annoncer en soupirant et la larme aux yeux, la résurrection à Paris des massacreurs de septembre. Et cela était niais et bête.

Croyez-vous que le mot soit trop fort? Voici ce que le *Monde* imprimait, osait imprimer, et ce que *la Patrie* tirait à cinq cent mille exemplaires :

Dans le quartier Mouffetard, un individu à figure sinistre disait l'autre soir à la portière d'une maison religieuse qui fermait sa porte : « Vous avez beau vous renfermer, vous ne nous empêcherez pas de venir vous couper la tête ces jours-ci. »

« Dans une quinzaine, disait un autre, nous serons heureux ; plus de travail, plus d'impôts, plus de prêtres ! »

Les enfants des classes qui avaient recueilli dans la rue quelques-uns de ces vœux démagogiques, disaient le lendemain à la sœur : « Ils veulent tuer les prêtres, les malheureux ! qu'ils attendent encore une semaine, afin que nous ayons au moins le temps de faire notre première communion ! »

(Le Monde, article reproduit par la Patrie dans son numéro du 21 mai, avant-veille des élections.)

Et ce journal nous arrivait par deux, trois, quatre exemplaires, et les adresses des électeurs avaient été prises sur les registres des mairies. Le niera-t-on ? Les erreurs de noms et de professions signalées sur ces registres étaient justement reproduites sur les bandes de ces journaux.

Faut-il s'indigner ? Faut-il sourire ?

Soyons indulgents : cela n'est que comique.

*
* *

Et pourtant, quand on songe que c'est avec de pareilles calomnies, de tels récits, des anecdotes de ce ton béat et de cette valeur qu'on a réussi plusieurs fois, hélas! à faire peur à cette France intrépide, qu'on a livré à la haine féroce des timides, à la fureur des ignorants, aux sauvageries magnétiques des réactions de braves et honnêtes gens, des hommes de talent, des hommes de cœur, quand on songe que ces inventions écœurantes, répandues dans les foules, colportées, grossies par le temps, composent — interrogez l'éternelle histoire — le fonds des calomnies avec lesquelles on transporte, on déporte, on tue et, ce qui est plus cruel, on déshonore. Alors, oh! alors, il vous prend un immense dégoût et une colère profonde contre ceux qui les impriment, contre cette race de complaisants qui fournissent un arsenal tout préparé à ces proscripteurs habiles des lendemains de Thermidor, de Prairial et de Brumaire.

Ainsi, on voulait effrayer Paris, mais ces sinistres imaginaires ne le troublaient pas. Il regardait passer les gamins qui chantaient — assez mal et sans la savoir — *la Marseillaise*, et n'était point dupe de tout ce bruit et de ces provocations intéressées. Il attendait. Quelques jours à peine le séparaient encore du scrutin. Il attendait, et déjà on pouvait voir que son choix était fait et sa décision prise.

Paris est incorrigible. Les Parisiens, que M. Haussmann appelle si poliment des *nomades*, sont toujours les gais opposants, les frondeurs de Juillet et de Février. Au lendemain même du 2 décembre, alors que le candidat ne pouvait affirmer sa foi qu'en présentant son nom, Paris donnait 187,028 suffrages à ses tribuns d'hier arrachés à leurs bancs, et n'accordait que 148,619 bulletins aux candidats du gouvernement nouveau.

. Paris, tête et cœur de la France, espèce de France sublimée, patrie dans la patrie, foyer de lumière vers lequel la nation tout entière accourt, et où nous tous, nés dans nos provinces, nous trouvons l'hospitalité de la science, de l'ardeur généreuse, de l'élan, de l'esprit, du rayonnement, de la vie ; Paris, Paris invincible, quelque endormi que tu sembles, tu te réveilleras toujours lorsqu'on te parlera de liberté !

***

Il s'était éveillé, ce grand Paris, et par avance acclamait ses tribuns : Gambetta dont la jeune voix tonnait, Jules Simon, Pelletan, ceux qu'il aime. Il acclamait surtout Bancel, qui sortait de son exil et venait à lui, le verbe haut. Paris avait compris, dès la première heure de cette lutte, que toute l'élection parisienne était là, dans cette troisième circonscription, et se résumait dans un nom, dans ce duel entre Bancel, l'exilé, et Émile Ollivier, le *converti*.

M. Emile Ollivier, qui écrivait, en 1857, au *Constitutionnel*, alors acharné contre lui et M. Darimon (1) : « Je ne veux pas répondre aux attaques que vous

(1) Voyez *les Campagnes électorales* (1851-1869) par J. Albiot.

« dirigez contre moi : *elles m'honorent. Vos éloges* « *me troubleraient....* » M. Emile Ollivier, recevait, sans se troubler, les éloges du *Constitutionnel* et de *la Patrie.*

***

Pendant ce temps, les injures pleuvaient sur M. Bancel, les accusations se multipliaient, on déterrait des vers de jeunesse où l'auteur des *Harangues de l'exil* s'était rendu coupable de chanter des exilés, on imprimait en capitales des odes vigoureuses adressées par lui à Victor Hugo, et de cette façon, en accentuant la note et les mérites du candidat, ceux-là même qui croyaient coopérer à sa défaite, travaillaient efficacement à son triomphe.

***

On put se rendre compte, dès le dimanche 23 mai, du caractère des élections. Les bulletins imprimés au nom d'Emile Ollivier jonchaient le sol de la rue Jean-Jacques-Rousseau et de la rue de la Jussienne. Le suffrage universel avait prononcé. Paris, comme Lyon, comme une minorité considérable des électeurs de la Drôme, comme Valence tout entier, choisissait Désiré Bancel pour son représentant.

***

Encore une fois, cette élection entre toutes préoccupait le public. Lorsque, des fenêtres du *Rappel*, on jetait à la foule pressée dans la cour du journal, les noms des candidats élus, les résultats des scrutins divers, cette foule applaudissait surtout au nom de **Bancel**. C'est que sous ce nom, oublié depuis 1851, elle retrouvait un principe, celui qu'elle voulait affirmer.

Des hommes, en cette élection dernière, on s'est peu préoccupé, et plus d'un, que nous aimons et respectons, a été atteint ainsi. Mais on n'a point voulu transiger sur les idées, et Paris s'est nettement, s'est résolûment prononcé.

La volonté du peuple est connue.

* * *

N'est-il point mûr d'ailleurs pour la liberté, ce peuple de Paris, ce peuple de France, qui a dicté ses vœux énergiques de cette sorte, sans désordre et sans tumulte (1) ? Est-ce bien là l'enfant terrible que les

---

(1) Les renseignements qui nous arrivent sur les troubles de Saint-Étienne et de Toulouse nous disent assez qui les a excités et dans quel but.

intéressés nous représentent comme tout prêt à la folie si on ne le garrotte point, si on ne le tient pas bel et bien ou bout de ses lisières? Avez-vous vu ces figures résolues et confiantes d'ouvriers, lundi soir, sur la place de l'Hôtel-de-Ville ou dans les faubourgs? Electeurs le matin, ils se promenaient, le soir, tout satisfaits de l'œuvre faite, et se répétant tout bas, comme cet empereur romain, qu'ils n'avaient point perdu leur journée.

Aucune forfanterie dans leur attitude, mais au contraire ce je ne sais quoi d'heureux et de fier que donne la conscience du devoir accompli. Quelques-uns avec leur femme au bras, ou leur enfant à la main. Et pas un cri. Et dans tous ces groupes, des discussions souvent éloquentes, toujours sages qui faisaient plaisir à écouter. Ils étaient là huit mille peut-être, sur cette grande place, huit ou dix mille regardant les fenêtres lumineuses de l'Hôtel-de-Ville, les murailles grises où l'on peut lire encore les mots autrefois grattés par les soins de **M. de Morny**, *Liberté, Égalité, Fraternité*, le perron où Lamartine a parlé, la place où s'est montré Louis Blanc, regardant le cadran qui marquait les heures, attendant des nouvelles, les commentant, parlant de tout et de tous. Dix mille citoyens. Et pas un mouvement désordonné, quelque chose comme le recueillement d'un jour solennel mêlé à la joie d'un jour de fête.

Il faisait beau. Le ciel s'était illuminé d'étoiles, et, par ce temps de mai, tout ce monde, respirait l'air libre et disait à haute voix son espérance, tandis que les sergents de ville, inutiles au milieu de ce peuple calme, regagnaient la Préfecture, traversaient le Pont-Neuf et s'engouffraient, en masses noires, dans le triangle de la place Dauphine.

*
* *

Je ne l'oublierai pas, cette soirée où le pouls battait fort. « Ceux qui n'ont pas oublié, disait le len-
« demain M. Peyrat, leurs émotions de 1827, de
« 1830, de 1848, ont pu se croire revenus aux plus
« beaux jours de leur vie politique. » Je suis d'une

génération qui n'a point de tels souvenirs. Les lointaines images que je puis évoquer, ce sont des arbres de la liberté qu'on plante en grande pompe, des peupliers enrubannés que des prêtres bénissent, ce sont des arbres de la liberté qu'on arrache, des peupliers que la police déterre. Ce sont les boulevards occupés militairement, c'est la place de la Concorde où campe la troupe de ligne qui menace, des artilleurs près de la porte Saint-Denis, mèche allumée, un des miens qu'on va frapper d'un coup de sabre parce qu'il n'éteint pas son cigare en frôlant ces pièces chargées, et des soldats qui passent rue Hauteville, les canons de leurs fusils dirigés contre nos fenêtres.

La vie politique était dure à ceux qui faisaient leur œuvre il y a dix-huit ans. Oui, mais elle était sombre pour ceux dont les yeux s'ouvraient et qui, enfants alors, allaient devenir des hommes.

Ceux qui, comme moi, sont nés à cette vie avec l'empire, ceux qui n'avaient pas dix ans en 1848, ceux qui n'ont lu les décrets du 2 décembre qu'affichés sur les portes de leur collége, ceux qui ont voté pour la première fois en 1863 (ils avaient vingt-deux ans depuis la veille), ceux-là n'ont dans leurs souve-

nirs que ces élections d'il y a six ans, vraiment belles
et maintenant historiques, et ces élections d'hier qui
vont influer si profondément sur le sort de la patrie.

*
* *

Les heures de libre joie ont été jusqu'à présent
avarement comptées à ces nouveaux venus, à ces
étudiants qui sont l'avenir, à cette jeunesse, à
ceux qu'on appelait magnifiquement, l'autre jour,
une *France en fleur*. Mais, on peut le dire, eux aussi
sont dignes de la liberté, car eux non plus ils n'en
ont point abusé. Paris a eu la fièvre et Paris a con-
servé avec sa fermeté sa raison et son bon sens.

*
* *

Les kiosques assiégés, les librairies envahies, les cafés pleins, sur le boulevard des crieurs publics, des groupes partout, des journaux partout, les télégraphes apportant des résultats d'heure en heure, les nouvelles courant comme une traînée de poudre, les rues encombrées, *le Rappel* illuminé, les faubourgs contents, le spectacle valait la peine d'être vu. Pas une rixe, un sentiment unique dans cette cohue. Et quel étonnement, quelle consolation d'un soir! Paris transformé soudain, Paris assaini, et des Parisiens, de vrais Parisiens, des gens qui pensaient, qui causaient, des citoyens — prenant possession de ces boulevards d'ordinaire encombrés par les désœuvrés, les débauchés et les filles.

Quel changement! On retrouvait Paris, le gai et sain Paris, le Paris bien portant, le Paris hardi comme un coq gaulois, le Paris jetant au monde sa note de clairon, le Paris de Molière, de Beaumarchais et de Camille Désmoulins.

*
* *

Le lendemain, on eût dit que rien ne s'était passé dans cette grande ville. Chacun travaillait; ouvriers, commis, bourgeois, chacun avait repris son œuvre. On demandait aux départements leurs votes, on lisait les journaux, on calculait les chances des futurs ballottages. On remettait la bataille aux 6 et 7 juin, et on attendait encore, confiant toujours.

*
* *

Où sont vos prédictions terribles, que sont devenues vos *sinistres rumeurs*, ces haches de Damoclès dont vous nous menaciez, ô *Patrie*, ô *Pays*, ô *Public*, ô Saint-Valry et Dréolle de toutes sortes ? Fantasmagorie qui n'a plus cours. Le pays, aujourd'hui, ne s'effraie ni des contes ni des fantômes. Il devient ou redevient viril. Il redevient surtout ironique, il reprend son caractère narquois et son humeur gouailleuse. En politique comme en philosophie, nous sommes, il faut bien qu'on le sache, de l'avis de Candide. Nous pouvons nous laisser aveugler un moment, et, dans la panique causée par la défaite, abandonner notre pioche et notre bèche à des mains étrangères. Mais l'heure vient toujours où le jardinier nous fait payer cher les légumes qu'il récolte sur notre terre et notre mot d'ordre alors est le lendemain ce qu'il était la veille :

« Cultivons notre jardin nous-mêmes ! »

Quant au spectre rouge de ce Cabrion *fonctionnaire* qui, devenu mûr, fit une farce à la nation comme il en faisait dans sa jeunesse aux concierges paisibles, on n'y croit pas, on n'y croit plus. Les spectres de Romieu sont discrédités depuis les spectres de Robin.

Ce sont, les uns et les autres, des spectres qu'on nous fait voir dans la glace. Quand ils ne terrifient pas, ils font rire.

Et nous rions.

*⁎
⁎ ⁎*

Je me trompe. Tout le monde ne rit pas. Cette nation française, si intelligente et si téméraire, cette nation qui court aux frontières à l'appel d'un Danton, qui donne son sang, qui donne le plus pur de ses veines sans compter, sur un champ de bataille, est la plus pusillanime de toutes dès qu'il s'agit de se regarder elle-même en face et d'agir dans sa liberté.

Nous nous sommes tellement habitués, ou plutôt on nous a tellement habitués à la tutelle sous tous ses pseudonymes, fonctionnarisme, administration, protectorat, on a si peu développé en nous l'individualisme et la responsabilité, ces vertus qui font les hommes et qui, par conséquent, font les nations; on a si peu nourri le peuple (et par *peuple* j'entends *le pays entier*) de cette viande noire qui s'appelle la politique, on a si mal instruit chacun de nous de ses droits et de ses devoirs, qu'un rien nous étonne et que beaucoup s'arrêtent stupéfaits devant des résultats qui sont des lois et qu'ils prennent pour des accidents.

— Vous procédez en France, me disait un jour un

de mes amis, membre d'un parlement étranger, non-
point par marches lentes et par étapes successives,
mais par bonds rapides comme les kanguroos.

C'est notre faiblesse parfois, mais en fin de compte
c'est notre force. La France est un foyer mal éteint
où toujours la flamme couve, et, à un moment donné,
se rallume et réchauffe. Les plus timorés s'en doivent réjouir. La fièvre, pour un peuple, est préféra-
ble à la léthargie ou à la consomption lente. Cette
flamme qui éclate et qui brille vaut mieux que le
froid glacial qui ressemble à la mort et qui, à la lon-
gue, deviendrait la mort.

*
* *

Les élections parisiennes de 1869 sont autrement
radicales que celles de 1863. Et quand on dit Paris,
encore une fois on dit la préface de la France. Un
seul trait marque le chemin suivi depuis six ans par

opinion publique. Cette année, les candidats du ouvernement, MM. Balagny, Devinck, Cochin, ouley, Savard, se donnaient sur leurs affiches omme *indépendants*. Le candidat officiel devenait n candidat peureux. Il se disait libéral; il désa- ouait timidement le patronage de l'administration. e sera là le caractère distinctif de ce scrutin.

En 1863, les candidats officiels à Paris avaient re- ueilli 82,107 suffrages; en 1869, ils en moissonnent ictorieusement 55,000. L'opposition avait mis dans urne, en 1863, 143,470 bulletins; elle en apporte lus de 250,000 en 1869. « C'est par des chiffres, isait Goëthe, qu'on gouverne le monde et qu'on pprend comment il est gouverné. »

*
* *

Et là le sens de l'élection parisienne est double :

— leçon donnée au Pouvoir, coup d'éperon donné à l'opposition.

Voilà ce qu'il signifie.

*
* *

Les élections auront été absolument démocratiques et radicales, et les scrutins de ballottage ne peuvent, avec un tel courant, que donner plus d'avantages encore aux radicaux. Ce résultat n'a pas été obtenu sans que nous regrettions plus d'un utile combattant de nos libertés; mais le suffrage universel a de ces verdicts absolus qui n'admettent point de répliques. M. Carnot et M. Garnier-Pagès se sont inclinés déjà, et M. Guéroult, qui tient avant tout à ce que l'ennemi n'entre point dans la place, reportait bravement, en patriote et en honnête homme, dès le lendemain du vote, sur son concurrent de la veille, les voix qui doivent empêcher M. A. Cochin d'être élu.

Je regrette que tous n'aient pas eu la loyauté de l'imiter.

Ainsi Paris a parlé et d'un mot donné ses ordres. J'ai vu déjà des gens effarés devant tant d'audace. Qu'ils se rassurent, la liberté n'est jamais dangereuse ; ce qui est dangereux, c'est l'oppression.

Nous voulons être libres, voilà ce que disent les deux cent cinquante mille électeurs parisiens qui ont fait, cette semaine, œuvre de citoyens. Nous voulons être libres, voilà ce que crient les millions d'électeurs qui ont donné leur voix dans les départements à tous ceux qui leur parlaient non plus des libertés octroyées, mais de leurs droits, des imprescriptibles droits de l'homme. Nous voulons être libres, disent Lyon, qui nomme Raspail et Bancel, Marseille qui va nommer Esquiros, Pelletan et Gambetta, nous voulons être libres, dit Rouen, dit Amiens, dit Nantes qui proclame le docteur Guépin, nous voulons être libres, dit Bordeaux qui nomme Jules Simon, qui nommera Lavertujon et Larrieu, nous voulons être libres, dit Limoges qui donne près de 8,000 voix à Jules Simon et 1,900 à **M.** Noualhier, nous voulons être libres dit Avignon qui nomme Gent, le Vaucluse qui nommera Taxile Delord, Dijon qui nomme Magnin, Saint-Quentin qui nomme Malézieux, nous voulons être libres, disent ces cinquante-huit départements où les Jules Favre, les Barthélemy Saint-Hilaire, les Desseaux, tiennent en échec et vont battre les candidats officiels (1). Toutes les villes poussent le même cri, un de ces cris qu'il faut écouter. Les majorités de l'opposition et ses minorités écrasantes sont significatives. Enfin, elle vit, cette France, elle palpite, elle se réveille, elle pense, elle parle !

Et tout ce qui est la force du pays, le peuple et la

---

(1) Je croyais, quand j'écrivais ces lignes, que le ballottage, en province, ferait entrer M. Jules Favre à la Chambre. Je me trompais. M. Jules Favre, cette grande voix vibrante, risque d'être enlevé à la législature nouvelle. Est-ce possible ? Les attaques des Vermorel auraient-elles porté coup ? Ce tribun manquerait à la tribune ? Point d'ingratitude. C'est impossible ! Le grand parti démocratique, qui s'est suicidé déjà tant de fois par l'exclusion et par le soupçon, doit vivre et s'affirmer par la fraternité et la reconnaissance. Il y a deux ans, Jules Favre crachait le sang et disait : « Mourir ! Comment, je mourrais sans avoir vu la France libre ! » N'oublions pas cela.

ourgeoisie, est uni dans un même sentiment. Les campagnes détruisent parfois, et la plupart du temps, l'œuvre des villes. Mais le paysan sait-il bien à qui il doit d'être un homme et d'imposer, lui aussi, sa voonté ? A la Révolution dont on voudrait lui faire un antôme, à cette Révolution française qui l'a fait cioyen et qu'il ne connaît pas, mais dont l'instruction ui enseignera l'histoire, à cette Révolution qui l'a ffranchi et qui, quand elle lui demandait ses fils, les nvoyait aux champs de Jemmapes et de Valmy et on sur le plateau de Mont-Saint-Jean ou dans la laine de Waterloo.

Ce serait malhabile au surplus de mettre en ligne le compte ces votes par fournées des campagnes. Le paysan vote pour tout ce qui existe, sous quelque orme que la chose existe. Piètres dévouements que eux-là. Les votes éclairés comptent seuls. Or, on sait maintenant vers qui ils se sont portés.

*
* *

Tout est dit.

Manœuvres des serviteurs trop zélés, brochures de Vitu contre les réunions publiques, gravure réactionnaire imaginée par Duvernois, rien n'a empêché le peuple de manifester sa volonté. Volonté absolue, mais dictée d'un ton calme. On l'a vu. Point de colère dans Paris, de la joie. Les plus modérés doivent applaudir. *Unis et libres*, c'est le but.

On va sans doute continuer (quoique la première épreuve n'ait guère réussi), on va continuer d'agiter devant les yeux de la bourgeoisie les grands mots qui doivent effrayer. M. Jules Richard ne réédite-t-il pas déjà ce vocable qui a suffi pour vouer tant de gens à la haine, pour les jeter à l'exil, le mot *les rouges*. La bourgeoisie ne s'effrayera pas. Elle sait ce qui lui en a coûté de douter et de reculer. Elle comprend son rôle, son véritable rôle, qui est de marcher avec le peuple, comme ces révolutionnaires morts pour elle, girondins, dantonistes, montagnards, morts pour assurer à tous la liberté et l'égalité, morts en défendant et en aimant le peuple, et qui étaient des bourgeois.

D'ailleurs est-il encore des castes et des classes? Non. Et les électeurs, en votant, ne se sont inquié- tés ni des hommes, ni des noms, ni s'ils nommaient un prolétaire ou un bourgeois ; encore une fois, ils ont voté pour des principes.

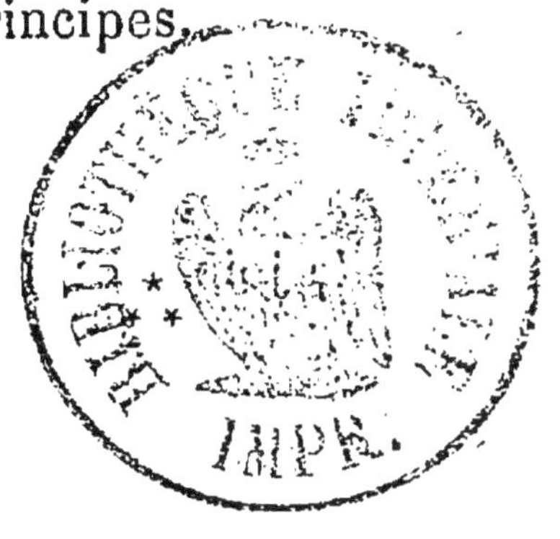

L'œuvre est faite.

Et ce peuple, ouvriers, bourgeois, a bien mérité de la Patrie.

Jules CLARETIE.

26 mai 1869.

Paris. — Impr. Em. Voitelain et Cᵉ, rue J.-J.-Rousseau, 61.

www.ingramcontent.com/pod-product-compliance
Lightning Source LLC
Chambersburg PA
CBHW051343060726
47596CB00004B/1751